KB206658

나
탐구

Self – Inquiry

published by
Sri Ramanasramam

나
탐구

라마나 마하리쉬 저

김병채 옮김

슈리 크리슈나다스 아쉬람

도입

나 탐구는 마하리쉬가 쓴 최초의 작품이다. 그것
은 1901년경, 즉 그가 스물두 살의 청년이었을 때 쓰
였다. 그는 이미 완벽하게 나를 자각하고 신성한 지
식의 찬란한 희열 안에 있는 현자(갸니)였다. 그때 그
는 아루나짤라 언덕에 있는 비룩빡샤 동굴에 살고
있었다. 많은 제자들이 이미 그의 주위에 모여 있었
다. 실제로 침묵의 서약을 하지는 않았지만 그는 거
의 말을 하지 않았다. 그래서 가장 초기 헌신자들 중
의 한 명인 감비람 세샤야가 그에게 던진 질문들에
대한 답을 그는 글로 썼다. 감비람 세샤야는 일기에
그것들을 옮겨 적었다. 그가 죽은 후에 그의 형이 이
일기를 손에 넣었다. 질문과 대답은 나따나난다에
의해 편집되었고 바가반의 승인 하에 비짜라 상그
라함[1] 혹은 나 탐구라는 이름으로 출판되었다. 그 후

---

1 [역주] 모음

그것들은 에세이 형식으로 바뀌었다. 이 책에서는 원본 형식을 채택했다.

이 작품에는 청년의 느낌이나 미성숙함이 없다. 스승은 말년에 그랬던 것처럼 완전한 영적 지식의 권위를 가지고 글을 썼다. 말뿐 아니라 글로 한 그의 모든 설명처럼, 이것은 불모의 이론이 아닌 나 자각의 길에 대한 실용적 질문들과 관련이 있다. 그러나 그것은 한 가지 중요한 점에서 후기의 설명과는 다르다. 즉, 그것은 나 탐구의 길뿐만 아니라 다른 것들, 즉 나와 자신의 동일성에 대한 명상과 호흡 통제에 기초한 요가의 길 또한 설명한다는 것이다. 후기의 설명에서 그는 오직 나 탐구 아니면 구루에 대한 굴복submission만을 제시한다. 그는 이렇게 말하곤 했다. "두 가지 길이 있습니다. 자신에게 '나는 누구인가?'라고 물어보거나 굴복하는 것입니다."

왜 그는 이 글에 다소 덜 직접적이면서도 더 정교한 방법들에 대한 언급을 포함시켰을까? 아마도 그 이유는 이 책이 쓰이도록 질문을 한 제자가 이 다양한 방법들에 대한 책을 읽고 그것들에 대한 질문을 했기 때문이었을 것이다. 어쩌면 또한 더 넓은 의미에서는, 그가 제시했던 평생의 가르침 이전에 다양한 방법에 대한 일반적 설명을 먼저 하는 것이 적합할 수도 있었을 것이다. 확실히 다른 방법들이 설명되어 있긴 하지만 그다지 권장되지는 않는다.

설명된 호흡 통제는 물론 단순한 신체적 수련이 아니다. 그 수련의 영적 의미는 그것을 정교한 과학으로 만든다. 그것은 전통적인 자기 정화의 인도 과학이기 때문에, '과학'이라는 표현이 정말 그것에 적합한 단어이다. 이는 그것에 대한 사전 소양이 없는 서양 독자들을 난해하게 만드는데, 특히 모든 과학처럼 그것은 장문의 주석 없이는 적절한 번역을 허용하지 않는 전문 용어를 포함하고 있다. 이 설명을 쓰면서 마하리쉬는 그가 글을 써 준 사람의 질문에 대해 과학의 기술적 지식에 의존할 수 있음을 알았다는 사실을 염두에 두어야 한다. 서양 독자들이 기억해야 할 위안은 그가 이 길을 권하지도 않고 처방하지도 않았으며, 후기 저작들에서는 그것을 거의 언급하지도 않았다는 점이다. 그들은 그것의 전문성을 공부할 필요는 없다.

기도

모든 것인

지고의 존재를 흠모하는 방법으로는,

그것으로 확고히 머무르는 것 이외의

다른 길은 없습니다!

나 탐구

(비짜라 상그라함)

1

제자: 스승님! 불행이 전혀 없는 영원한 희열의 상태를 얻는 수단은 무엇입니까?

스승: 베다의 말을 별개로 하더라도, 신체가 있는 곳에 불행이 있다는 것은 모든 사람들이 직접 경험하고 있습니다. 그러므로 사람은 언제나 신체가 아닌 자신의 참된 성품을 탐구하고, 그러한 성품으로 남아 있어야 합니다. 이것이 그 상태를 얻는 수단입니다.

2

제자: 자신의 참된 성품을 탐구하고 그것을 이해한다는 말은 무슨 뜻입니까?

스승: '나는 왔다. 나는 갔다. 나는 있었다. 나는 행했다.'와 같은 경험들은 모든 사람에게 자연스럽게 생깁니다. 이런 경험들로부터 '나'가 그런 다양한 행위들의 주체라는 의식이 나타나지 않습니까? 그 의식의 참된 성품을 탐구하고 자신으로서 남아 있는 것이 탐구를 통해 자신의 참된 성품을 이해하는 방법입니다.

3

제자: 어떻게 '나는 누구인가?'를 탐구합니까?

스승: '감'과 '옴' 같은 행위들은 오직 신체에만 속합니다. 그래서 '나는 갔다, 나는 왔다.'라고 말할 때, 그것은 결국 신체가 '나'라고 말하는 것이 됩니다. 그러나 신체는 그것이 태어나기 전에 있지 않았고, 다섯 가지 원소들로 이루어져 있으며, 깊은 잠의 상태에서는 존재하지 않고, 죽으면 송장이 되는데, 그 신체가 의식인 '나'라고 말해질 수 있습니까? 통나무처럼 지각이 없는 이 신체가 '나−나'로서 빛난다고 말할 수 있습니까? 그러므로 처음에 신체에 대해 생겨나는 '나−의식'은 자만심(따르보담), 자아(아한까라), 무지(아비디야), 환영(마야), 불순함(말라), 개인의

영혼(지바)으로 다양하게 불립니다. 우리가 이것을 탐구하지 않고 가만히 있을 수 있습니까? '자만심'의 파괴가 해방(묵띠)이라고 모든 경전들이 선언하는 것은 탐구를 통한 우리의 구원을 위함이 아닙니까? 그러므로 송장 같은 신체를 송장으로 남아 있게 하고, '나'라는 말조차 입 밖에 내지 않으면서, 이와 같이 예리하게 탐구해야 합니다. "이제 '나'로서 일어나는 그것은 무엇입니까?" 그러면 가슴 안에서 '나-나' 형태의 일종의 말이 없는 빛이 빛날 것입니다. 즉 한계가 있는 많은 생각들이 사라지고, 한계가 없고 하나인 순수 의식이 저절로 빛날 것입니다. 만약 그것(경험)을 버리지 않고 고요히 있으면, '나는 신체이다'라는 형태의 개인적 느낌, 즉 자아가 완전히 파괴됩니다. 결국에는 최후의 생각, 즉 '나-형상' 또한 장뇌를 태우는 불처럼[2] 꺼질 것입니다. 위대한 현자와 경전들은 이것만이 해방이라고 선언합니다.

---

[2] 즉, 아무런 침전물도 남기지 않고.

13

4

제자: '나'라는 형상인 '자만심'의 근원에 대해 탐구해 보면, 온갖 종류의 다른 생각들이 수도 없이 일어나는 것 같고, 별개의 '나'라는 생각은 없는 것 같습니다.

스승: 첫 번째 격인 주격이 나타나든 아니든, 그 안에서 다른 격들이 나타나는 문장은 첫 번째 격에 그 기초를 둡니다. 마찬가지로 가슴 안에서 나타나는 모든 생각들은 첫 번째 마음의 상태인 '나', 즉 '나는 신체이다' 형식의 인식인 남아 있는 인상(바사나)에 기초를 둡니다. 이와 같이 자아가 일어나는 것이 다른 모든 생각들이 일어나는 원인이자 근원입니다. 그러므로 삼사라(환생으로 이루어진 속박)의 환영의 나

무의 뿌리인 자아의 모습으로 있는 자만이 파괴된다면, 다른 모든 생각들도 뿌리 뽑힌 나무처럼 완전히 사라질 것입니다. 어떤 생각들이 영적 수련(사다나)에 대한 장애물로 일어나든, 마음은 그 방향으로 가서는 안 되며, 아뜨만인 자신의 나 안에서 쉬어야 합니다.

우리는 일어나는 모든 일에 대해 '어떤 이상한 일이라도 일어날 테면 일어나보라. 두고 보자!'라는 태도를 취하면서 목격자로 남아 있어야 합니다. 이것이 우리의 수련이 되어야 합니다. 다른 말로 하자면, 자신을 겉모습과 동일시해서는 안 됩니다. 자신의 나를 절대로 단념해서는 안 됩니다. 이것이 신체를 나로 보는 경향성을 지니고 있는, 앞에서 말한 모든 장애물의 원인인 마음의 파괴(마노나사)를 위한 적합한 수단입니다.

자아를 쉽게 파괴하는 이 방법은 헌신(박띠), 명상(디야나), 집중(요가), 그리고 지식(갸나)이라고도 불릴 수 있습니다. 왜냐하면 신은 가슴 안에서 '나'로서 빛나는 나의 성품을 가지고 머무르고 있고, 경전은 생각 그 자체가 속박이라고 선언하기 때문입니다. 최고의 수련은 어떤 수단에 의해서든 '나-생각'의 형태를 하고 있는 마음을 그^{Him}의 안에 녹인 후에, 언제나 그(신, 나)를 잊지 않고 고요히 머무르는 것입니다. 이것이 경전들의 결론적인 가르침입니다.

5

제자: 탐구는 거친 신체 안에 자신selfhood이 있다는 그릇된 믿음을 제거하기 위한 유일한 수단입니까? 아니면 미묘한 몸과 원인의 몸 안에 자신이 있다는 그릇된 믿음을 제거하기 위한 수단이기도 합니까?

스승: 다른 몸들이 존속하는 것은 거친 신체 위에서입니다. 다섯 가지 덮개들로 이루어진 세 가지 몸은 '나는 신체이다'라는 그릇된 믿음에 기초하고 있습니다. 거친 신체 안에 자신이 있다는 그릇된 믿음을 없애는 것이 다른 두 몸 안에도 자신이 있다는 그릇된 믿음을 없애는 것입니다. 따라서 탐구는 세 가지 몸 안에 자신이 있다는 모든 그릇된 믿음을 없애는 수단입니다.

6

제자: 내적 기관의 많은 변형들, 즉 마음(마나스), 지성(붓디), 기억(찟따), 자아(아한까라)가 있는데, 어떻게 마음의 소멸만이 해방이라고 말할 수 있겠습니까?

스승: 마음의 성품을 설명하는 책들에서는 이렇게 말합니다.

"마음은 우리가 먹는 음식의 미묘한 부분의 응집에 의해 만들어진다. 그것은 애착과 혐오, 욕망과 분노 같은 열정과 함께 자란다. 마음, 지성, 기억, 자아의 집합체인 그것은 '마음'이라는 집합적인 단일 명칭을 받는다. 그것이 지니는 특성은 생각하는 것, 판단하는 것 등이다. 그것은 의식(나)의 대상이기 때문에, 보이는 것이며 활동이 없다. 활동이 없기는 하지만, 그것은 (뜨겁게 달구어진 쇠공처럼) 의식과의 관련성 때문에 마치 의식처럼 보인다. 그것은 제한되어 있고, 영원하지 않고, 부분으로 나누어져 있고, 랙 염료, 금, 밀랍 등과 같이 변화한다. 그것은 (현상적 존재의) 모든 원소들의 성질을 가지고 있다. 시각 등의 장소가 눈 등에 있지만, 그것의 장소는 가슴—연꽃이다. 그것은 개인의 영혼의 부가물이다. 어떤 대상을 생각할 때, 그것은 자신이 하나의 유형으로 변하고, 뇌 안에 있는 지식과 함께 다섯 가지 감각 통로를 통해 흘러서 (지식과 연관된) 뇌에 의해 대상들에 합쳐지며, 이렇게 대상들을 알고 경험하면서 만족을 얻는다. 그 실체가 마음이다."

똑같은 사람이 자신이 행하는 여러 역할에 따라 여러 이름으로 불리는 것처럼, 마음은 어떤 실제적인 차이 때문이 아니라, 상태에서의 차이 때문에 마음, 지성, 기억, 자아라는 여러 가지 이름으로 불립니다. 마음 자체는 모든 것, 즉 영혼, 신 그리고 세상의 형태를 가집니다. 마음이 지식을 통해 나의 형태가 될 때 해방이 있습니다. 그것은 브람만의 성품을 지니고 있습니다. 이것이 가르침입니다.

7

제자: 만약 이 네 가지 즉 마음, 지성, 기억, 자아가 똑같은 하나라면, 왜 그것들에 대해 별개의 장소들이 언급됩니까?

스승: 목이 마음의 장소, 얼굴 또는 심장이 지성의 장소, 배꼽이 기억의 장소, 가슴 즉 사르반가 sarvanga가 자아의 장소라고 말해지는 것은 사실입니다. 이렇게 서로 다르게 말해지기는 하지만, 마음 즉 내적 기관 모두의 장소는 오직 가슴입니다. 이것은 경전에서 분명히 선언되고 있습니다.

8

제자: 왜 내적 기관인 마음만이 모든 것, 즉 영혼, 신 그리고 세상의 형상으로 빛난다고 말해집니까?

스승: 대상을 아는 도구인 감각기관들은 바깥에 있습니다. 그래서 그것들은 외적 감각기관이라 불립니다. 마음은 안에 있기 때문에 내적 감각기관이라고 불립니다. 그러나 안과 밖의 구분은 오직 신체하고만 관계됩니다. 사실은 안도 없고 밖도 없습니다. 마음의 성품은 공간처럼 순수하게 남아 있어야 합니다. 가슴 또는 마음이라고 불리는 것은 안과 밖으로 보이는 (현상적 존재를 만드는) 원소들을 나란히 배치하여 본 것입니다. 그러므로 이름과 형상으로 이루어진 모든 현상은 마음의 성질만을 가지고 있다는 것

은 의심의 여지가 없습니다. 밖으로 보이는 모든 것은 실제로 밖이 아니라 안에 있습니다. 이것을 가르쳐주기 위해서 베다에는 모든 것이 가슴의 성품을 가지고 있다고 기술하고 있습니다. 가슴이라고 불리는 것은 다름 아닌 브람만입니다.

9

제자: 어떻게 가슴이 다름 아닌 브람만이라고 말해질 수 있습니까?

스승: 나가 깨어있음, 꿈, 깊은 잠의 상태에서 각각 눈, 목구멍, 가슴에 머물면서 그것의 경험을 즐기기는 하지만, 실제로 그것은 절대 자신의 주된 자리인 가슴을 떠나지 않습니다. 모든 것의 성품을 가지고 있는 가슴-연꽃, 다른 말로 하면 마음-공간에서는, 그 나의 빛이 '나'의 형상으로 빛납니다. 그것은 이렇게 모든 사람에게서 빛나기 때문에, 바로 이 나는 목격자(삭쉬), 그리고 초월의 상태(뚜리야, 문자적으로 '네 번째 상태')라고 불립니다.

모든 신체 안에서 '나' 형상의 빛에 대해 '안'으로

23

서 빛나는 '나-없는' 지고의 브람만은 나-공간(또는 지식-공간)입니다. 이것만이 절대적 실재입니다. 이것은 초월을 넘어선 상태(뚜리야띠따)입니다. 그러므로 가슴이라 불리는 것은 다름 아닌 브람만이라고 말해집니다. 더욱이 브람만이 모든 영혼의 가슴 안에서 나로서 빛나고 있다는 이유로 '가슴'이라는 이름이 브람만에게 주어집니다.[3]

흐리다얌이라는 단어의 의미는 이렇게 '흐릿-아얌[4]'으로 나누어서 보면 사실은 브람만입니다. 나로서 빛나는 브람만이 모두의 가슴 안에 살고 있다는 사실에 대한 적절한 증거는, 모든 사람이 '나'라고 말할 때 가슴을 가리키면서 자신을 나타낸다는 것입니다.

---

3 "모든 개별적 영혼의 가슴에 빛나고 있는 것이 브람만이다. 그래서 그것은 가슴이라 불린다." 브람마 기따
4 [역주] 흐릿은 중심, 아얌은 이곳, 여기 혹은 그.

10

제자: 온 우주가 마음의 형상으로 되어 있다면, 그것은 우주가 환영이라는 결론에 이르는 것이 아닙니까? 만약 그렇다면, 왜 우주의 창조가 베다에서 언급됩니까?

스승: 우주가 단지 환영에 불과하다는 것은 의심의 여지가 없습니다. 베다의 주요 요지는 겉으로 보이는 우주가 거짓이라는 것을 보여준 후에, 참된 브람만을 알게 하려는 것입니다. 베다가 세상의 창조를 인정하는 것은 이 목적 때문이지 다른 이유 때문이 아닙니다.

그래서 자질이 덜한 사람들에게 창조는, 쁘라끄리띠(원초적primal 자연), 마하뜨 땃뜨바(위대한 지성), 딴

마뜨라(미묘한 본질^{essences}), 부따(거친 원소), 세상, 신체 등이 브람만으로부터의 단계적 진화라고 가르쳐집니다. 반면 더 자질이 있는 사람들에게는 동시에 일어나는 창조가 가르쳐집니다. 즉, 이 세상은 자신이 나인 줄을 모르는 결함으로 생긴 그 자신의 생각들 때문에 꿈처럼 생겨났다는 것입니다.

이와 같이 세상의 창조가 여러 다른 방식으로 묘사되고 있다는 사실로부터, 베다의 요지는 어떤 식으로든 우주의 환영의 내용을 보여준 후에 브람만의 참된 성품을 가르치는 데 있다는 것이 분명합니다. 세상이 환영이라는 사실은, 자신의 희열 성품을 체험하는 깨달음의 상태에서 누구나 직접 알 수 있습니다.

11

제자: 나 경험은 끊임없이 변화하는 마음에게 가능합니까?

스승: 삿뜨바 구나(순수, 지성 등에 기여하는 쁘라끄리띠의 구성 요소)는 마음의 성품이고, 마음은 공간처럼 순수하고 때 묻지 않았기 때문에, 마음이라고 불리는 것은 사실 지식의 성품을 가지고 있습니다. 그것이 그 본래의(즉, 순수한) 상태에 머물러 있을 때는 '마음'이라는 이름조차도 가지지 않습니다. 그 하나를 마음이라 불리는 다른 것으로 오해하는 것은 단지 잘못된 지식일 뿐입니다.

순수한 지식의 성품을 지닌, (본래) 순수한 삿뜨바 마음이었던 것은 무지 때문에 그 지식의 성품을 잊어버리고 따모-구나(즉, 둔함, 비활성 등에 기여하는 쁘라끄리띠의 구성요소)의 영향으로 세상으로 변환되고, 라조 구나(즉, 활동, 열정 등에 기여하는 쁘라끄리띠의 구성요소)의 영향을 받아 '나는 신체이다, 세상은 실제이다.'라고 생각하고, 애착, 혐오 등을 통해서 그 결과로 장점과 단점을 획득하며, 남아 있는 인상(바사나)을 통해서 탄생과 죽음을 가집니다.

그러나 과거 많은 생애 동안 행해진 애착 없는 행위의 결과로 마음의 오염(죄)이 제거됩니다. 그러한 마음을 지닌 사람은 참된 구루로부터 경전의 가르침을 귀 기울여 듣고, 그것의 의미를 성찰합니다. 그는 나의 형상 즉 '나는 브람만이다'라는 형상에 대한 마음의 자연스러운 상태를 얻기 위하여 명상합니다. 이 상태는 브람만에 대한 계속적 묵상의 결과로 생깁니다. 이렇게 해서 마음이 세상으로 향하는 따마스 측면과 마음의 방랑인 라자스 측면이 제거됩니다. 이 제거가 발생하면 마음은 미묘해지고 움직이지 않게 됩니다. 아주 미묘하고 변하지 않는 실재 즉 나가 경험될 수 없는 것은 오직 불순하고, 라자스와

따마스의 영향 아래에 있는 마음 때문입니다.

섬세한 비단 천을 무거운 쇠 지렛대로 꿰맬 수 없는 것처럼, 혹은 미묘한 대상의 세밀한 부분을 바람에 깜박이는 램프로는 식별할 수 없는 것처럼 말입니다. 그러나 위에서 언급한 명상에 의해 미묘하고 움직이지 않게 된 순수한 마음에서는, 나 희열 즉, 브람만이 나타나게 될 것입니다. 마음이 없으면 경험도 있을 수 없기 때문에, 극도로 미묘한 상태(브릿띠)를 부여받은 정화된 마음은, 그 형상 안에 즉, 브람만의 형상 안에 남아 있음으로써 나 희열을 경험하는 것이 가능합니다. 그러면 그의 나가 브람만의 성품을 가지고 있다는 것을 분명하게 경험하게 될 것입니다.

12

제자: 경험적 존재의 상태에서 쁘라랍다(결실을 맺기 시작한 과거 까르마)에 따라 역할을 수행해야 하는 마음에게도 앞에서 말한 나 경험은 가능합니까?

스승: 브람민은 연극에서 다양한 역할을 할 수는 있지만, 자신이 브람민이라는 생각은 그의 마음을 떠나지 않습니다. 마찬가지로, 사람이 다양한 경험의 행위에 참여하고 있을 때, '나는 신체이다' 등의 그릇된 생각이 일어나지 못하게 하고, '나는 나이다'라는 굳은 확신이 있어야 합니다. 만약 마음이 그 상태로부터 벗어나면, 즉시 '오! 오! 우리는 신체 등이 아니다. 우리는 누구인가?'라고 탐구해야 하고 이렇게 마음을 그 (순수한) 상태로 되돌려 놓아야 합

니다.

'나는 누구인가?'라는 탐구는 모든 불행의 제거와 최고 희열의 성취에 대한 주요 수단입니다. 이런 방식으로 마음이 그 자신의 상태 안에서 고요해지면, 아무 방해 없이 나 경험이 저절로 일어납니다. 그런 다음에는 감각적 쾌락과 고통이 마음에 영향을 주지 않습니다. 그때는 모든 것(현상)이 마치 꿈처럼 애착이 없이 나타날 것입니다. 자신의 완전한 나 경험을 절대 잊지 않는 것이 진정한 박띠(헌신), 요가(마음 통제), 지식(갸나)이며 다른 모든 고행입니다. 현자들은 이렇게 말합니다.

13

제자: 일과 관련한 활동이 있을 때, 우리는 그 일의 대리인도 아니고 그것을 즐기는 자도 아닙니다. 그 활동은 세 가지 도구(마음, 말, 신체)를 가지고 있습니다. 이렇게 생각하면서 우리는 (떨어져) 있을 수 있습니까?

스승: 마음이 그것의 신인 나 안에 머물도록 만들어진 후에는, 그것이 나로부터 벗어나지 않기 때문에 경험적 문제들에 무관심해졌는데, 어떻게 마음이 위에서 말한 것처럼 생각할 수 있겠습니까? 그런 생각들이 속박을 이루는 것이 아닙니까? 남아 있는 인상(바사나) 때문에 그런 생각들이 일어날 때, 마음이 그런 식으로 흐르는 것을 억제하고, 그것을 나 상태

안에 유지시키려고 노력해야 하며, 그것이 경험적 문제들에 대해 무관심할 수 있게 만들어야 합니다.

마음의 '이것이 선인가? 아니면 저것이 선인가? 이것이 일어날 수 있을까? 아니면 저것이 일어날 수 있을까?' 하는 생각들이 마음에 있을 여지를 주지 말아야 합니다. 심지어 그런 생각들이 일어나기 전에 바짝 경계해야 하고, 마음이 그 본래의^{native} 상태에 머물러 있게 해야 합니다. 만약 조금의 여지라도 주어지면, 그런 (어지럽혀진) 마음은 친구인 척하면서 우리에게 해를 끼칠 것입니다. 친구인 것처럼 보이는 적과 같이, 그것은 우리를 쓰러뜨릴 것입니다. 그런 생각들이 일어나서, 점점 더 많은 악을 야기하는 것은 사람이 자신의 나를 잊어버리기 때문이 아닙니까?

분별을 통해서, '나는 아무것도 하지 않는다, 모든 행위는 도구들에 의해 행해진다' 하고 생각하는 것은 마음이 인상을 따라 흘러가는 것을 막는 수단인 것은 사실이지만, 만약 마음이 인상을 따라 흘러가면 그것이 앞에서 말한 것과 같은 분별을 통해 억제

되어야 한다는 결론이 따르지 않겠습니까? 나 상태
에 있는 마음이 '나'처럼 생각하고, '나'처럼 경험적
으로 이러저러하게 행동할 수 있습니까?

사람은 가능한 모든 방식으로 자신의 (진정한) 나
즉, 신을 잊지 않도록 점진적으로 노력해야 합니다.
그것을 성취하면 모든 것을 성취할 것입니다. 마음
이 다른 어떤 문제로도 향해서는 안 됩니다. 사람이
결실을 맺기 시작한 과거의 까르마(쁘라랍다)의 결과
인 행위들을 마치 미친 사람처럼 행한다고 해도, 그
는 '내가 행한다'라는 생각이 일어나지 않도록 하면
서 마음을 나 상태에 유지시켜야 합니다. 무수히 많
은 박따(헌신자)들이 무관심의 태도로 수많은 경험적
인 역할을 수행하지 않았습니까?

14

제자: 포기(산야사. 출가)의 진정한 뜻은 무엇입니까?

스승: 포기는 '나'라는 생각의 포기이지, 외부 대상들에 대한 거부가 아닙니다. 이렇게 ('나-생각'을) 포기한 사람은 홀로 있든, 광범위한 경험적 세상(삼사라)의 한가운데에 있든, 똑같이 있습니다. 마음이 어떤 대상에 집중되어 있을 때는 다른 것들이 가까이 있어도 보이지 않는 것처럼, 현자가 아무리 많은 경험적 행위를 한다 하더라도, 그는 '나-생각'이 일어나지 않게 하면서 마음을 나 안에서 쉬게 하기 때문에 실제로는 아무것도 하지 않는 것입니다. 꿈속에서 머리가 땅으로 떨어지는 것처럼 보여도 실제로는

움직이지 않는 것처럼, 무지한 사람, 즉 '나-생각'이
사라지지 않은 사람은 홀로 끊임없이 명상을 하고
있다 하더라도, 사실은 모든 경험적인 행위를 하는
자입니다.[5] 현자들은 이렇게 말했습니다.

---

5 주의를 다른 어떤 곳에 고정한 채 이야기를 듣는 사람들처럼, 남
아 있는 인상들이 다 없어진 마음은 그런 것처럼 보이더라도 실제
로는 작용하지 않는다. 남아 있는 인상들이 없어지지 않은 마음
은 그런 것처럼 보이지 않더라도 실제로는 작용한다. 이것은 마
치 정지해 있으면서, 꿈에서 언덕을 올라갔다가 거기에서 떨어
지는 것을 상상하는 사람들과도 같다. – Reality in Forty Verses:
Supplement, v.30

15

제자: 마음, 감각기관 등은 지각하는 능력이 있습니다. 그런데 왜 그것들은 지각되는 대상이라고 간주됩니까?

스승:

아는 자(드리끄)	알려지는 대상(드리시야)
1 보는 자	항아리(즉, 보이는 대상)

예를 더 들면,

2 눈	신체, 항아리, 등
3 시각	눈 기관
4 마음	시각
5 개인의 영혼	마음

6 의식(나)   개인의 영혼

위의 도식에서 보이듯이 우리 즉 의식은 모든 대상을 알기 때문에, 우리는 아는 자(드리끄)라고 말해집니다. 항아리 등을 포함하는 범주들은 알려지는 것이기 때문에 보이는 대상입니다. 위에 주어진 '지식:무지 (즉, 아는 자-아는 대상)'의 표에서 아는 자들과 지식의 대상들 가운데, 하나가 다른 것과 관련하여 아는 자라는 것이 보입니다. 그러나 그 하나는 다른 하나와 관련해서는 대상이기 때문에, 그 범주들 중 어느 것도 실제로는 아는 자가 아닙니다.

비록 우리가 모든 것을 알기 때문에 '아는 자'이고, 다른 어떤 것으로도 알 수 없기 때문에 '알려지는 것'이 아니라고 말해지기는 하지만, 우리는 알려지는 대상들과 관련해서만 '아는 자'라고 말해집니다.

하지만, 실제로 '알려지는 것'이라 불리는 것은 우리와 별개가 아닙니다. 그래서 우리는 그 둘(아는 자와 알려지는 것)을 초월하는 실재입니다. 다른 모든 것은 아는 자-알려지는 것의 범주들 안에 들어갑니다.

16

제자: 자아, 영혼, 나 그리고 브람만은 어떻게 구분됩니까?

스승:

예	예가 되는 것
1 쇠공	자아
2 달구어진 쇠공	나에 중첩된 것으로 보이는 영혼
3 달구어진 쇠공 안의 불	의식의 빛, 즉 모든 신체 안에 있는 영혼에서 빛나는 불변의 브람만
4 하나로서 남아 있는 불길	하나로서 남아 있는,

편재하는 브람만

위의 예에서 자아, 영혼, 목격자(나), 그리고 모든
것의 목격자(브람만)가 어떻게 구분되는지는 분명해
질 것입니다.

금속 세공인이 가지고 있는 밀랍덩어리 안에 수많
은 다양한 금속 조각이 포함되어 있어도 그 모두가
하나의 밀랍 덩어리로 보이는 것처럼, 깊은 잠 속에
서도 모든 개인의 영혼들의 거칠고 미묘한 몸은 순
전히 어둠의 성품을 가지고 있는 무지인 우주적 마
야에 들어갑니다. 그 영혼들은 나 안에 녹아들어 그
것과 하나가 되기 때문에, 그들은 어디에서나 어둠
만 보게 됩니다. 잠의 어둠으로부터 미묘한 몸, 즉
자아가 일어나고, 그것(자아)으로부터 거친 몸이 각
각 일어납니다. 심지어 자아가 일어날 때, 그것은 달
구어진 쇠공처럼 나의 성품에 중첩되는 것으로 보입
니다.

이와 같이 의식─빛과 결합된 마음 또는 자아인
영혼(지바)이 없으면 영혼의 목격자, 즉 나도 없으며,

40

나가 없으면 모든 것의 목격자인 브람만도 없습니다. 대장장이가 쇠공을 두드려 여러 가지 모양으로 만들 때, 쇠공 안에 있는 불이 두드린다고 해서 변하지 않는 것처럼, 영혼이 아무리 많은 경험에 연루되고 쾌락과 고통을 겪는다고 해도, 그 안에 있는 나의 빛은 그로 인해 조금도 변하지 않습니다. 그것은 공간처럼 모든 곳에 편재한 하나로 있는 순수한 지식이고, 그것은 브람만으로서 가슴 안에서 빛납니다.

17

제자: 나가 가슴 안에서 브람만으로서 빛난다는 것을 어떻게 알 수 있습니까?

스승: 램프의 불길 속에 있는 원소인 공간이 어떤 차이도 없이, 그리고 어떤 한계도 없이 그 불길의 안과 밖을 모두 채우고 있다는 것을 우리가 아는 것처럼, 가슴 안의 나 빛 안에 있는 지식-공간은 아무런 차이도 없이, 그리고 아무런 한계도 없이 그 나 빛의 안과 밖 둘 모두에 가득하게 있습니다. 그것이 브람만이라고 하는 것입니다.

18

제자: 상상인 경험의 세 가지 상태(깨어있음, 꿈, 수면의 상태), 세 가지 몸이 하나이고 단일이며 스스로 빛을 발하는 나의 빛 안에서 어떻게 나타납니까? 비록 그것들이 나타난다고 해도, 나만이 언제나 움직이지 않고 남아 있다는 것을 어떻게 압니까?

스승:

예	예가 되는 것
1 램프	나
2 문	잠
3 문지방	마하뜨 땃뜨바
4 내벽	무지 또는 원인의 몸
5 거울	자아

6 창문　　　다섯 가지 인지 감각기관

7 안쪽 방　　원인의 몸이 나타나는 깊은 잠

8 중간 방　　미묘한 몸이 나타나는 꿈

9 바깥 뜰　　거친 신체가 나타나는 깨어있는 상태

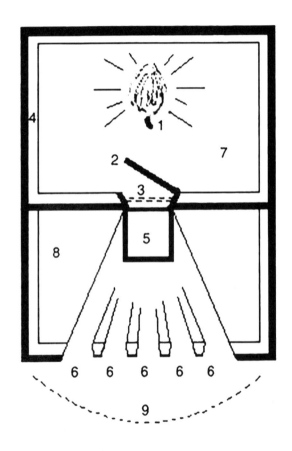

44

램프인 나(1)는 안쪽 방, 즉 원인의 몸(7)에서 스스로 빛나는데, 그것은 무지를 내벽(4)으로 잠을 문(2)으로 가지고 있습니다. 시간, 까르마 등에 의해 조건화되는 생명 원리에 의해, 그 잠-문이 열리면, 문지방인 마하뜨 땃뜨바(3) 옆에 위치한 자아라는 거울(5)에 나의 반사가 생겨납니다. 이와 같이 그 자아라는 거울은 중간 방, 즉 꿈의 상태(8)를 비추고, 한편 다섯 인지 감각기관(눈, 귀, 코, 혀, 피부)(6)인 창문을 통해서 바깥 뜰, 즉 깨어있는 상태(9)를 비춥니다. 다시 시간, 까르마 등에 의해 조건화되는 생명 원리에 의해 잠-문이 닫히면, 자아는 깨어있음, 꿈의 상태와 함께 사라지고 나만이 언제나 빛납니다. 지금 든 예는 나가 어떻게 움직이지 않고 있는지, 나와 자아 사이에 어떻게 차이가 있는지, 그리고 세 가지 경험의 상태, 세 가지 몸 등이 어떻게 나타나는지를 설명해 줍니다.

19

제자: 탐구에 관한 설명을 그렇게 자세히 들었음에도 불구하고, 제 마음은 조금도 평화를 얻지 못합니다. 이 이유는 무엇입니까?

스승: 그 이유는 마음의 힘 즉, 하나로 집중된 마음이 없기 때문입니다.

20

제자: 마음의 힘이 없는 이유는 무엇입니까?

스승: 탐구를 할 만한 자격을 갖출 수 있게 해주는 방법은 명상, 요가 등입니다. 단계적 수련을 통해 이것에 대한 능숙함을 얻어야 합니다. 이렇게 해서 자연스럽고 유익한 마음 상태의 흐름을 지녀야 합니다. 이런 방식으로 성숙해진 마음을 지닌 사람이 탐구에 관해 들으면, 그는 즉시 나라는 자신의 참된 성품을 깨닫고, 그 상태로부터 벗어남이 없이 완벽한 평화에 머물게 됩니다. 성숙해지지 않은 마음은 탐구에 관해 듣는 것만으로는 즉각적인 깨달음과 평화를 얻기가 어렵습니다. 그러나 일정 기간 동안 마음 통제를 위한 수단들을 수련한다면, 그는 결국 마음의 평화를 얻을 수 있습니다.

21

제자: 마음 통제를 위한 수단들 중에서, 가장 뛰어난 것은 무엇입니까?

스승: 호흡의 통제입니다.

22

제자: 호흡은 어떻게 통제할 수 있습니까?

스승: 호흡은 호흡의 완전한 멈춤(께발라 꿈바까) 또
는 호흡의 조절(쁘라나야마)로 통제될 수 있습니다.

23

제자: 호흡의 완전한 멈춤은 무엇입니까?

스승: 그것은 내쉼과 들이쉼조차도 없이, 생명 공기를 가슴 안에 확고히 머무르게 하는 것입니다. 이것은 생명 원리 등에 대한 명상을 통해서 성취됩니다.

24

제자: 호흡 조절은 무엇입니까?

스승: 요가 경전들에 주어진 가르침에 따라 내쉼,
들이쉼, 멈춤을 통해 가슴 안에 생명의 공기가 확고
히 머무르게 하는 것입니다.

25

제자: 어떻게 호흡의 통제가 마음의 통제를 위한
수단이 됩니까?

스승: 마음은 호흡처럼 공기의 일부이고, 움직임
의 성품은 둘 모두에게 공통되며, 둘의 발생 장소가
똑같고, 둘 중 하나가 통제되면 다른 것도 통제되기
때문에, 호흡의 통제가 마음의 통제를 위한 수단이
라는 것은 의심의 여지가 없습니다.

26

제자: 호흡의 통제는 마음의 정지(마노라야)만 가져올 뿐 마음의 소멸(마노나사)로는 이어지지 않는데, 어떻게 호흡의 통제가 마음의 소멸을 목표로 하는 탐구의 수단이라고 말해질 수 있습니까?

스승: 경전은 나 깨달음을 얻기 위한 수단으로 두 가지 방식을 가르칩니다. 여덟 단계가 있는 요가(아슈땅가 요가)와 여덟 단계가 있는 지식(아슈땅가 갸나)이 그것들입니다. 요가의 단계들 중 하나인 호흡의 조절(쁘라나야마) 또는 호흡의 완전한 멈춤(께발라 꿈바까)에 의해 마음은 통제됩니다. 만약 마음을 그 상태에 내버려 두지 않고, 외부 대상들로부터 마음을 거두어들이는 것(쁘라띠야하라)과 같은 그 이상의 수련을

한다면, 결국에는 탐구의 결실인 나 깨달음을 틀림
없이 얻게 될 것입니다.

제자: 요가의 단계들은 무엇입니까?

스승: 야마, 니야마, 아사나, 쁘라나야마, 쁘라띠야하라, 다라나, 디야나, 그리고 사마디입니다. 이것들을 더 보자면

(1) 야마: 이것은 비폭력(아힘사), 진실(사띠야), 훔치지 않음(아스떼야), 독신(브람마짜리야), 무소유(아빠리그라하)와 같은 선행의 원리들을 함양하는 것을 의미합니다.

(2) 니야마: 이것은 순수(사우짜), 만족(산또샤), 고행(따빠스), 경전의 공부(스바디야야), 신에 대한 헌신(이스와라쁘라니다나)과 같은 선행의 규칙들을 준수하는 것

을 의미합니다.[6]

(3) 아사나: 여러 가지 자세 중에서 84가지가 주요한 것입니다. 다시 이것들 중에서 네 가지, 즉 사자자세(심하), 영웅자세(바드라), 연꽃자세(빠드마), 달인(싯다)자세[7]가 뛰어나다고 말해집니다. 이것들 중에서도 오직 달인자세만이 가장 뛰어납니다. 요가 경전은 그렇게 선언합니다.

(4) 쁘라나야마: 경전에 제시된 표준량에 따르면, 활력(생명) 공기를 내쉬는 것이 레짜까이고, 들이쉬는 것이 뿌라까이며 그것을 가슴 안에 확고히 머무르게 하는 꿈바까입니다. '표준량'에 관해서, 어떤 경전은 레짜까와 뿌라까가 그 양이 같아야 하고, 꿈바까는 그 양의 두 배가 되어야 한다고 하는 반면, 다른 경전은 만약 레짜까가 1이면 뿌라까는 2가 되어야 하고, 꿈바까는 4가 되어야 한다고 합니다. '표준

---

6 야마와 니야마의 목표는 해방을 얻을 만한 이들에게 열려 있는 좋은 길을 얻기 위함이다. 더 자세한 내용은 요가 수뜨라와 하따요가 디삐까 같은 경전들을 참조하라.

7 달인자세: 왼쪽 발꿈치를 생식기 위에 두고, 그 위에 오른쪽 발꿈치를 둔다. 시선은 눈썹 사이에 고정시킨 채, 몸은 움직임이 없고 나무막대기처럼 꼿꼿이 유지해야 한다.

량'은 가야뜨리 만뜨라를 한 번 할 때 걸리는 시간을 말합니다. 이와 같이 레짜까, 뿌라까, 꿈바까로 이루어진 쁘라나야마는 천천히 그리고 점진적으로, 능력에 따라 매일 수련되어야 합니다. 그러면 움직이지 않고 행복 안에서 쉬고 싶다는 욕망이 마음 안에 생겨납니다. 그 다음에는 쁘라띠야하라를 수련해야 합니다.

(5) 쁘라띠야하라: 이것은 마음이 외적인 이름과 형상들 쪽으로 흘러가지 못하게 함으로써 마음을 조절하는 것입니다. 그때까지 산만하던 마음은 이제 통제됩니다. 이 관점에서 도움이 되는 것은 (1) 쁘라나바에 대한 명상, (2) 두 눈썹 사이에 주의를 고정시키는 것, (3) 코끝을 바라보는 것, 그리고 (4) 소리(나다)에 대한 숙고reflection입니다. 이렇게 하나로 집중된 마음은 한 곳에 머무르기에 적합해질 것입니다. 이렇게 한 후에, 다라나가 수련되어야 합니다.

(6) 다라나: 이것은 마음을 명상에 적합한 한 장소에 고정시키는 것입니다. 명상에 아주 적합한 장소는 가슴 혹은 정수리에 있는 구멍(브람마란드라)입니

다. 수행자는 이곳에 있는 여덟 개의 꽃잎을 가진 연꽃[8]의 한가운데에서 나인 신, 즉 브람만이 불길처럼 빛나고 있다고 생각하고, 마음을 그 안에 고정시켜야 합니다. 그 다음에는 명상을 해야 합니다.

(7) 디야나: 이것은 '내가 그다'라는 생각을 통해서, 자신이 앞에서 말한 불길의 성품과 다르지 않다고 명상하는 것입니다. 이렇게 해서 그가 '나는 누구인가?'와 경전에서 선언하는 것처럼 '어디에나 있는 브람만은 가슴 안에서 지성을 바라보는 나로서 빛난다'를 탐구한다면, 그는 그것이 가슴 안에서 '나-나'로서 빛나는 신성한 나임을 깨닫게 될 것입니다. 이 숙고 방식이 가장 뛰어난 명상입니다.

(8) 사마디: 앞에서 말한 명상의 결과로, 마음은 '나는 이러이러한 사람이다. 나는 이런저런 일을 하고 있다'라는 생각을 품지 않고 명상의 대상에 녹아들게 됩니다. '나-나'라는 생각조차도 사라지는 이

---

8 이 여덟 개의 꽃잎은 는 각각 125개의 작은 꽃잎들로 이루어져 있기 때문에 머리의 왕관에 있는 연꽃이 천 개의 꽃잎을 가지고 있다고 말해지기도 한다.

러한 미묘한 상태가 사마디입니다. 만약 잠이 오지
않도록 주의하면서 매일 이것을 수련한다면, 신은
그에게 마음의 정지라는 최고의 상태를 수여할 것입
니다.

28

제자: 쁘라띠야하라에서 쁘라나바에 대해 명상해
야 한다고 하는 가르침의 요지는 무엇입니까?

스승: 쁘라나바에 대한 명상을 하라는 요지는 이
것입니다. 쁘라나바는 옴까라(신성한 신비로운 음절)입
니다. 그것은 세 음량(마뜨라) a, u, m과 반 음량(아르
다 마뜨라)으로 이루어져 있습니다. 이 중에서 a는 깨
어있는 상태, 비스바 지바(평범한 영혼), 거친 신체를
나타냅니다. u는 꿈의 상태, 따이자사 지바(밝은 영
혼), 미묘한 몸을 나타냅니다. m은 잠의 상태, 쁘란
야 지바(현명한 영혼), 원인의 몸[9]을 나타냅니다. 반 음

---

9 [역주] 세 구나들로 분화되지 않는 상태, 창조 이전의 상태, 차별이
없는 아비약땀의 상태, 이 너머에 악샤라가 있음.

량은 나 즉 '나'-성품인 뚜리야를 나타냅니다. 그리고 그 너머에 있는 것이 뚜리야띠따 또는 순수한 희열입니다[10]. '나'-성품의 상태인 네 번째 상태는 명상(다라나)에 관한 부분에서 언급되었습니다. 이것은 세 개의 음량 a, u, m을 포함하는 무음량(아마뜨라)의 성품을 가진 것으로서, 침묵-음절(마우나끄샤라)로서, '중얼거림이 없는 중얼거림'(아자빠)으로서, 그리고 다섯 음절어(빤짜끄샤라)와 같은 만뜨라의 핵심인 비이원의(아드바이따) 만뜨라로서 다양하게 묘사되었습니다.

---

10 [역주] "이 모든 것이 브람만이다. 이 나가 브람만이다. …이것은 네 부분을 가지고 있다. 첫 번째는 활동의 영역이고, 외부 대상들을 인지하는 바이슈바나라이며, 두 번째는 꿈의 상태가 활동의 영역이고, 미묘한 대상들을 즐기는 따이자사이다. 세 번째는 깊은 잠의 상태가 그의 활동의 영역이고 하나가 되었고, 바로 인식의 덩어리이며, 희열로 가득하고, 희열을 즐기고, 생각이 그 얼굴인 쁘라야이다. 이것은 모든 것의 주인이고, 모든 것을 아는 자이며, 내적 통치자이다. 이것은 모든 것의 근원이다. 이것은 존재들의 시작이며 끝이다. 네 번째인 뚜리야는 내부의 대상들을 인식하는 것이 아니고, 외부의 대상들을 인식하는 것도 아니며, 그 둘 모두를 인식하는 것이 아니고, 인식의 덩어리가 아니고, 인식하는 것도 아니고, 인식하지 않는 것도 아니다. 그것은 보이지 않고, 말해질 수 없으며, 잡을 수도 없고, 독특한 특징이 없고, 생각될 수 없고, 나의 지식에 대한 본질이고, 세상이 그 안으로 사라지고, 평화로운 것, 인자한 것, 비이원의 것, …….그는 나이다. 그는 알아야 하는 것이다." – 만두끼야 우빠니샤드

이 진정한 의미를 알기 위해서는 쁘라나바에 대한
명상을 해야 합니다. 이것은 나의 진리에 대한 숙고
로 이루어져 있는, 헌신의 성격을 지닌 명상입니다.
이 과정의 결실은, 타의 추종을 불허하는 희열의 상
태인 해방을 불러오는 사마디입니다. 존경 받는 구
루들 또한 해방은 나의 진리에 대한 숙고의 본성을
가진 헌신에 의해서만 얻어진다고 말했습니다.

29

제자: '내가 그다'라는 생각을 통해서, 자신이 불길처럼 빛나는, 스스로 빛을 발하는 실재와 다르지 않다는 진리에 대해 명상해야 한다는 가르침의 요지는 무엇입니까?

스승: (a) 자기가, 스스로 빛을 발하는 실재와 다르지 않다는 생각을 함양해야 한다는 가르침의 요지는 이것입니다. 경전은 명상을 이런 말로 정의합니다, '모든 것의 성품을 지니고 있고, 까일라사, 바이꾼따, 빠람아빠다라고도 불리는 여덟 개의 꽃잎을 가진 연꽃 한가운데에, 엄지손가락 크기의, 번개처럼 번쩍이고 불길처럼 빛나는 실재가 있다. 사람은 그것에 대해 명상함으로써 불멸을 얻는다.'

우리는 이것으로부터, 그런 명상에 의해 다음과 같은 결함들을 피해야 한다는 것을 알아야 합니다. (1) '나는 다르다, 그리고 저것은 다르다' 하는 형태의 차이에 대한 생각, (2) 제한되는 것에 대한 명상, (3) 실재는 유한하다는 생각, 그리고 (4) 그것은 한 장소에 국한되어 있다는 것.

(b) '내가 그다'(사하함, 소함)라는 생각을 가지고 명상해야 한다는 가르침의 요지는 이것입니다. 사^{sah}는 지고의 나이고, 아함^{aham}은 '나'로서 나타나는 나입니다. 쉬바링가인 지바는, 브람만의 도시인 신체 안에 위치한 그의 자리인 가슴 연꽃에 살고 있습니다. 자아의 성품을 가진 마음은 자신을 신체 등과 동일시하면서 밖으로 나갑니다. 이제 마음은 가슴 안에 녹아들어야 합니다. 즉, 신체 등의 안에 자리 잡은 나-감각은 제거되어야 합니다.

이렇게 그가 방해받지 않고 머무르면서 '나는 누구인가?'를 탐구하면, 그 상태에서 나-성품이 미묘하게 '나-나'로서 드러나게 됩니다. 그 나-성품은 모든 것이면서 아무것도 아니고, 안과 밖의 구분이 없이 모든 곳에서 지고의 나로서 나타납니다. 그것은 앞에서 말했듯이 '나는 브람만이다'라는 진리를 의미하면서, 불길처럼 빛납니다. 만약 그것을 자신과 동일한 것으로 명상하지 않고, 그것을 자신과 별개의 것으로 생각하면, 무지는 떠나지 않을 것입니다. 이런 이유로 동일시—명상이 명해집니다.

만약 사람이 방해 없이, 나에 대한 숙고의 기술인 '나는 그다'라는 생각을 가지고 끊임없이 나에 대해 오랫동안 명상을 하면, 가슴 안에 있는 무지의 어둠과, 단지 무지의 결과에 불과한 모든 장애물들이 제거되고, 완전한 지혜가 얻어질 것입니다.[11]

이와 같이, (브람만의) 도시, 즉 신체 안의 가슴—동굴에 있는 실재를 깨닫는 것은 완전한 신을 깨닫는 것과 같습니다.

현자는 아홉 개의 문이 있는 도시, 즉 신체 안에서 편히 삽니다.[12]

---

11 "만약 생각이 밖으로 나가는 것을 막는 '나는 쉬바이다'(쉬보함 바바나) 형태의 명상을 항상 수련하면, 사마디가 생길 것이다." – 발라라르

12 "아홉 개의 문이 있는 도시 안에서, 그는 희열의 모습으로 살고 있

신체는 사원입니다. 개인의 영혼은 신(쉬바)입니다. 만약 '내가 그다'라는 생각을 가지고 그를 숭배하면, 사람은 해방을 얻을 것입니다. 다섯 개의 덮개로 이루어진 신체는 동굴이고, 그곳에 살고 있는 지고의 존재는 동굴의 주인입니다. 경전은 이렇게 선언합니다.

나는 모든 신들의 실재이기 때문에, 자기 자신인 나에 대한 명상은 모든 명상 중에서 최고입니다. 다른 모든 명상들은 여기에 포함됩니다. 다른 명상들이 제시되는 것은 이것을 얻기 위함입니다. 그래서 이것을 얻게 되면, 다른 것들은 필요치 않습니다. 자신의 나를 아는 것이 신을 아는 것입니다. 명상하는 자신의 나를 알지 못하고, 별개의 신이 있다고 생각하면서 그에 대해 명상하는 것에 대해서, 위대한 이들은 자신의 발로 자신의 그림자를 재려고 하는 행위와, 이미 자신의 소유인 귀중한 보석을 던져버리고 하찮은 소라고둥을 찾는 것에 비유했습니다.[13]

다." ─바가바드 기따
13 "우리는 나의 형태로 존재하고 있으며, 아뜨마 땃뜨바이고, 눈부

30

제자: 오직 가슴과 정수리에 있는 구멍(브람마란드라)¹⁴이 명상에 적합한 장소라고 할지라도, 만약 필요하다면 여섯 개의 신비한 중심(아다라)들에 대해 명상할 수 있습니까?

스승: 명상의 장소라고 말해지는 여섯 개의 신비한 중심 등은 단지 상상의 산물입니다. 이 모든 것들은 요가 초보자들을 위한 것입니다. 여섯 개의 중심에 대한 명상과 관련해서 쉬바 요기들은 이렇게 말합니다. '비이원의 성품을 가지고 있고, 제한이 없으

시게 빛나며, 모든 살아있는 것들 안에 있으면서 항상 '나', '나'라고 말하는 그것에 대해 명상할 것이다. 가슴의 동굴에 살고 있는 신을 버려두고 밖에서 신을 찾는 것은, 귀중한 보석을 버리고 하찮은 구슬을 찾는 것과도 같다." – 요가 바시슈따

14 [역주] 브람만이 영혼으로 들어오고 나가는 정수리에 있는 통로.

67

며, 의식—나인 신은 우리 모두를 나타나게 하고, 유지하며, 해체시킵니다. 실재에 가나빠띠, 브람마, 비슈누, 루드라, 마헤스와라, 사다쉬바와 같은 다양한 이름과 형상을 중첩시켜서 그것을 망치는 것은 크나큰 죄이다.' 그리고 베단따 학생들은 '그 모든 것은 단지 마음의 상상일 뿐이다'라고 말합니다.

그러므로 모든 것을 아는 의식의 성품을 가진 자신의 나를 알면, 그는 모든 것을 아는 것입니다. 위대한 이들은 또한 말했습니다. '그 하나가 있는 그대로 알려지면, 알려지지 않았던 모든 것이 알려지게 된다.' 만약 여러 가지 생각들을 부여받은 우리가 나인 신에 대해 명상을 하면, 우리는 그 하나의 생각에 의해 많은 생각들을 제거하게 되고, 심지어 그 하나의 생각도 사라질 것입니다. 이것이 자신의 나를 아는 것이 신을 아는 것이라는 의미입니다. 이 지식이 해방입니다.

31

제자: 나에 대해 어떻게 생각해야 합니까?

스승: 나는 어둠이나 빛이 없이 스스로 빛을 발하고, 스스로 드러나는 실재입니다. 그러므로 그것에 대해 이런 것 또는 저런 것으로 생각해서는 안 됩니다. 생각한다는 바로 그 생각이 결국 속박이 될 것입니다. 나에 대한 명상의 요지는 마음으로 하여금 나의 형상을 취하게 만드는 것입니다. 가슴—동굴의 한가운데는 순수한 브람만이 '나–나' 형상을 한 나로 직접적으로 드러나 있습니다. 그것을 앞에서 말한대로 알지 못하고, 여러 가지 방식으로 생각하는 것보다 더 큰 무지가 있을 수 있습니까?

32

제자: 브람만은 가슴에서 '나-나'의 형상을 한 나로서 드러나 있다고 하셨습니다. 이 말씀을 쉽게 이해할 수 있도록, 더 자세히 설명해 주실 수 있습니까?

스승: 깊은 잠, 기절 등의 상태 동안에는 어떠한 지식도 없다는 것, 즉 나-지식도 없고 다른 지식도 없다는 것은 누구나 경험하는 바가 아닙니까? 그런 다음에 '나는 잠에서 깨어났다' 또는 '나는 기절에서 회복되었다'라는 형태의 경험이 있을 때, 그것은 앞에서 말한 분별이 없는 상태에서 일어난 특정한 지식의 방식이 아닙니까? 이 특정한 지식을 지성(비갸나)이라고 합니다. 이 지성은 나와 나 아닌 것 중 어

느 하나와 관련해서만 드러나지, 그 자체로는 드러나지 않습니다.

나와 관련될 때 그것은 참된 지식이라 불립니다. 그것은 그 대상이 나인 그런 마음의 상태의 형상을 가진 지식이거나 또는 단일의 존재(나)를 그 내용으로 가지는 지식입니다. 그리고 그것이 나 아닌 것과 관련될 때는 무지라 불립니다. 나와 관련되어 나의 형상을 가진 것으로 드러날 때, 이 비갸나 상태는 '나'-현현이라 말해집니다. 이 현현은 실재(즉, 나)와 별개로는 일어날 수 없습니다. 실재에 대한 직접적인 경험의 특징이 되는 것은 이러한 현현입니다. 그러나 이것은 그 자체로는 실재의 존재 상태가 될 수 없습니다.

이 현현은 무엇인가에 의존해서 일어납니다. 의존하고 있는 그 무엇이 기본적 실재입니다. 그것을 쁘라갸나prjnana15라고도 합니다. 베단따에서 '쁘라갸남 브람마'라는 말은 같은 진리를 가르치고 있습

---

15 [역주] 지혜, 지식, 의식, 모든 것을 생성하는 것.

니다.

　이것이 또한 경전의 요지임을 아십시오. 스스로 빛을 발하고 있으며 모든 것의 목격자인 나는 비갸나꼬사(지성의 덮개) 안에 거하고 있다가 스스로를 드러냅니다. 치우침 없는 마음으로 이 나를 그대의 목표로 붙잡고 그것을 나로서 즐기십시오.

33

제자: 내적인 숭배 혹은 속성(구나)[16]이 없는 것에 대한 숭배는 무엇입니까?

스승: 리부 기따와 같은 책에는 속성이 없는 것에 대한 숭배를 (별개의 수련법으로) 상세히 설명하고 있습니다. 그러나 희생, 자선, 고행, 서약의 준수, 자빠, 요가, 뿌자와 같은 모든 수련법들은 사실상 '나는 브람만이다' 라는 형태의 명상 방식들입니다. 따라서 모든 수련 방식에 있어서, 구도자는 '나는 브람만이다'라는 생각에서 벗어나지 않는지를 잘 살펴보아야 합니다. 이것이 속성이 없는 것에 대한 숭배의 요지입니다.

---

16 [역주] 현현의 세상을 이루는 삿뜨바, 라자스, 따마스라는 자연의 에너지.

34

제자: 지식의 8단계(갸나 아슈땅가)는 무엇입니까?

스승: 지식의 8단계는 이미 언급한 야마, 니야마 등입니다. 그러나 여기서는 다르게 정의됩니다.

(1) 야마: 신체를 포함한 세상 안에 있는 모든 것들은 결함을 지니고 있습니다. 이것을 깨달음으로써, 모든 감각기관을 통제하는 것입니다.

(2) 니야마: 나와 관련되는 마음의 형태의 흐름을 유지하고 그와 반대되는 마음의 형태를 퇴짜 놓는 것입니다. 다른 말로 하자면, 지고의 나에 대해 중단이 없이 일어나는 사랑을 의미합니다.

(3) 아사나: 브람만에 대한 지속적인 명상이 쉽게 일어날 수 있게 도와주는 자세입니다.

(4) 호흡법(쁘라나야마): 이름과 형태가 신체. 세상 등과 같은 대상들을 만듭니다. 이름과 형태라는 이 두 가지 비실재적 측면들을 제거하는 것이 레짜까(내쉼)이고, 그 대상들 내에 늘 있는 절대적 존재, 절대적 의식, 절대적 희열이라는 실재의 세 측면들을 붙잡는 것이 뿌라까(들이쉼)입니다. 이렇게 붙잡은 그 측면들을 유지하는 것이 꿈바까입니다.

(5) 쁘라띠야하라: 제거한 이름과 형태가 다시 마음 속으로 들어오지 못하게 하는 것입니다.

(6) 다라나: 마음이 밖으로 나가지 않고 가슴 안에 머무르게 만들고, 자신이 절대적 존재－절대적 의식－절대적 희열인 나 자체임을 깨닫는 것입니다.

(7) 디야나: '나는 오직 순수 의식이다'라는 형태의 명상입니다. 즉, 다섯 개의 덮개로 이루어진 신체를 제쳐놓고 '나는 누구인가?' 하고 탐구하여, 그 결과 나로서 빛나는 '나'로 머무르는 것입니다.

(8) 사마디: '나'－현현 또한 멈출 때, (미묘한) 직접

적인 경험[17]이 있습니다. 이것이 사마디입니다.

　여기에서 자세히 설명된 호흡법 등을 하기 위해서 요가에서 말하는 앉는 자세(아사나)를 수련하는 것은 필요하지 않습니다. 지식의 단계들은 언제 어디서나 수련될 수 있습니다. 요가와 지식 중에서, 자기에게 좋은 어떤 것이든 또는 둘 다를 상황에 따라 따르면 됩니다. 위대한 스승들은 (나) 망각이 모든 악의 뿌리이며, 해방을 구하는 사람들에게는 (나) 망각이 죽음이라고 말합니다.[18] 마음을 자신의 나 안에 쉬게 해야 하며, 절대 나를 잊어서는 안 됩니다. 이것이 목표입니다. 마음이 통제되면 다른 모든 것은 통제될 수 있습니다. 8단계를 가진 요가와 8단계를 가진 지식의 구별은 경전들에 상세히 설명되어 있습니다. 그래서 여기서는 이런 가르침의 본질만 이야기했습니다.

17　[역주] 세 구나로 된 현현의 세상이 사라지고 개념의 나가 아니라 놀라운 나, 즉 모든 것의 찬란한 바탕에 이름. 정확한 묘사는 불가능함.

18　"죽음 즉 깔라^{kala}는 이 지상에서 조금도 포기해서는 안 되는 나에 대한 명상을 포기하는 것이다." −비베까쭈다마니

35

제자: 요가에 속하는 호흡법과 지식에 속하는 호흡법을 동시에 수련하는 것이 가능합니까?

스승: 마음이 가슴 안에서 쉬도록 만들지 못했으면, 완전한 정지(께발라 꿈바까)를 통해서건 또는 탐구를 통해서건, 내쉼, 들이쉼 등을 하는 것이 필요합니다. 이런 이유로, 요가의 호흡법(쁘라나야마)을 수련 기간 중에 하는 것입니다. 지식의 호흡법은 항상 수련해도 됩니다. 둘 다 수련해도 됩니다. 만약 요가의 호흡법을 수련한다면, 호흡의 완전한 정지의 기술이 얻어질 정도까지면 충분합니다.

36

제자: 해방에 이르는 길은 왜 다르게 가르쳐집니까? 그것은 수행자들의 마음에 혼란을 만들어내지 않겠습니까?

스승: 베다에서는 자질을 갖춘 수행자들의 수준에 따라 몇 가지 길들을 가르칩니다. 그러나 해방은 단지 마음의 소멸일 뿐이기 때문에, 모든 노력은 마음의 통제를 그 목표로 합니다. 비록 명상의 방식들은 서로 다르게 보일지 모르지만, 결국 그것들 모두는 하나가 됩니다. 이것을 의심할 필요는 없습니다. 누구든 자기 마음의 성숙도에 맞는 길을 선택하면 됩니다.

쁘라나의 통제는 요가이고, 마음의 통제는 지식

(갸냐)입니다.[19] 이것들은 마음의 소멸을 위한 두 가지 주요 수단입니다. 어떤 사람들에게는 전자가 쉽게 보일 것이고, 다른 사람들에게는 후자가 쉽게 보일 것입니다. 지식은 거친 황소를 푸른 풀로 유인하여 길들이는 것과 같은 반면, 요가는 힘을 사용해서 그것을 통제하는 것과 같습니다.

그래서 현명한 이들은, 자질을 갖춘 세 등급의 수행자들 중에서, 가장 뛰어난 이들에게는 베단따적 탐구를 하게 합니다. 그들에게는 실재의 성품을 분별하게 하여 마음을 나 안에 확고히 자리 잡게 합니다. 그리고 자기 자신과 모든 사물들을 실재의 성품을 가진 것으로 보게 함으로 목표에 이르게 합니다. 중간 정도인 이들에게는 께발라 꿈바까(호흡을 완전하게 멈춤)를 통해 마음이 가슴에 머무르게 하고, 실재에 대해 오래 명상을 함으로써 목표에 이르게 합니다. 가장 낮은 등급의 이들에게는 호흡의 통제 등을 통해 점진적 방식으로 나아가게 하여 그 상태에 이

---

19 경전에 따라 모든 것을 실재로 보는 것, 나는 브람만이다 – 둘이 없는 오직 하나.

르게 합니다.

무지의 형상으로 가슴 안에 살고 있는 '나' 생각이 소멸될 때까지, 마음은 가슴 안에서 쉬도록 만들어 져야 합니다. 이 자체가 지식입니다. 이것만이 또한 명상입니다. 나머지는 단지 본질에서 벗어난 여담일 뿐입니다. 경전은 이와 같이 선언합니다. 따라서 만약 수련자가 이런 저런 수단을 통해 마음을 자신의 나 안에 붙들어 두는 기술을 얻으면, 그는 다른 문제 들에 대해서 걱정할 필요가 없습니다.

위대한 스승들도 헌신자는 요기[20]보다 훌륭하고, 해방에 이르는 수단은 자신의 나에 대한 숙고의 성격을 가진 헌신이라고 가르쳤습니다.[21]

그래서, 그것은 다하라 비디야[22], 브람마 비디야[23], 아뜨마 비디야[24] 등 여러 가지 이름으로 불리는 브람

---

20 "모든 요기들 중에서, 흔들리지 않는 마음과 사랑을 내 안에서 쉬게 하는 자만이 나에게 소중하다." -바가바드 기따
21 "해방에 대한 수단들 중에서 박띠(헌신)만이 최고라고 말해질 수 있다. 왜냐하면, 박띠는 자신의 나에 대한 끊임없는 숙고이기 때문이다." -비베까쭈다마니
22 [역주] 가슴 공간에 대한 지식.
23 [역주] 브람만에 대한 지식.
24 [역주] 나에 대한 지식.

만을 깨닫는 길인 것입니다. 더 이상 무슨 말을 할 수 있겠습니까? 나머지는 추론으로 이해해야 합니다.

경전들은 각기 다른 방식들을 가르칩니다. 그 모든 방식들을 분석한 후에, 위대한 이들은 이것이 가장 빠르고 그리고 최고로 좋은 방법이라고 선언합니다.

37

제자: 위에서 가르치신 수행법들을 행함으로써, 사람은 마음에 있는 장애물들, 즉 무지, 의심, 실수 등을 제거할 수 있고, 그로 인해 마음의 정지quiescence 를 얻을 수 있습니다. 그러나 마지막 한 가지 의문이 있습니다. 마음이 가슴에서 녹은 후에는 오직 완전한 실재로서 빛나는 의식만이 있습니다. 이렇게 마음이 나의 형상을 취할 때, 탐구할 사람이 누가 있겠습니까? 그러한 탐구는 자기 숭배의 결과로 이어질 것입니다. 그것은 계속 자기 어깨 위에 있는 양을 찾아다니는 양치기의 이야기와 같은 것입니다!

스승: 개인의 영혼 자체가 쉬바입니다. 쉬바 자신이 개인의 영혼입니다. 개인의 영혼이 다름 아닌 쉬

바라는 것은 사실입니다. 곡식이 껍질 안에 숨겨져 있으면, 그것은 벼라 불립니다. 껍질이 벗겨지면, 그것은 쌀이라 불립니다. 마찬가지로 까르마에 속박되어 있는 한, 사람은 개인의 영혼으로 남아 있습니다. 무지의 속박이 깨지면, 그는 쉬바, 즉 신으로서 빛납니다. 경전은 이와 같이 선언합니다. 따라서 마음인 사람의 영혼은 실제로는 순수한 나입니다. 그러나 그것은 이런 진리를 잊어버린 채, 자신을 영혼이라고 생각하고 마음의 형상 안에 속박됩니다. 따라서 바로 자기 자신인 나를 찾는 것은 양치기가 양을 찾는 것과 같습니다.

그렇기는 하지만 자기 자신을 잊어버린 영혼은 단순히 그러한 지식을 명상한다고 나가 되지는 않을 것입니다. 이전의 탄생들에서 모인 남아 있는 인상들 때문에 야기된 장애로 인해, 사람의 영혼은 자신과 나와의 동일성을 망각하고 속아서, 자신을 신체 등과 동일시합니다. 사람이 단지 고위 관리를 쳐다본다고 해서 고위 관리가 됩니까? 그러한 방향으로의 꾸준한 노력에 의해서 그는 높은 지위의 관리가 되는 것이 아닙니까? 마찬가지로, 신체 등과의 마음의 동일시에 의해 속박되어 있는 사람의 영혼은, 나에 대한 숙고의 형태로 점진적이고 지속적인 방식으로 노력을 쏟아야 합니다. 그리고 이렇게 마음이 소멸될 때, 사람의 영혼은 나가 될 것입니다.[25]

이렇게 끊임없는 나에 대한 숙고는 마음을 소멸시킵니다. 그 후에는 송장을 태우는 장작에 불을 붙이는 데 사용된 막대기처럼 그 자체도 타버릴 것입니다. 이 상태가 해방입니다.

---

25 "탄생의 속박을 야기하는 장애물들이 많이 있기는 하지만, 그런 모든 변화들의 근본 원인은 자아(아한까라)이다. 이 근본 원인은 영원히 파괴되어야만 한다." —비베까쭈다마니

38

제자: 만약 영혼이 성품상 나와 동일하다면, 사람의 영혼이 자신의 참된 본성을 깨닫지 못하게 가로막는 것은 무엇입니까?

스승: 그것은 자신의 참된 성품에 대한 망각입니다. 이것은 가리는 힘이라고 알려져 있습니다.

39

제자: 사람의 영혼이 그 자신을 잊어버린 것이 사실이라면, 어떻게 모두에게 '나'²⁶ 경험이 일어납니까?

스승: 그 베일은 사람의 영혼을 완전히 숨기지는 못합니다.²⁷ 그것은 오직 '나'의 나 성품을 숨기고는 '나는 신체다'라는 개념을 투사합니다. 그러나 그것은 '나'인 나의 존재는 숨기지 않습니다. 나는 진짜이며 불멸합니다.²⁸

---

26 [역주] '나'를 나라고 하는 것이 더 분명할 수도 있을 것 같음.

27 "무지는 기본적 '나'를 숨길 수 없다, 하지만 그것은 지바(사람의 영혼)가 지고의 존재(나)라는 특정 진리를 숨긴다." ―까이발야 나바니따

28 [역주]〉 실제로 존재하는 것은 오로지 나이다. '나'와 세상은 나에서 나타난 현현들이다.

40

제자: 몸을 지닌 해방자(지반묵따)와 몸이 없는 해
방자(비데하묵따)의 특징은 무엇입니까?

스승: '나는 신체가 아니다, 나는 나로서 나타나는
브람만이다. 완전한 실재인 나 안에서[29], 신체 등으
로 이루어진 이 세상은 하늘의 푸름처럼 단지 겉모
습일 뿐이다.' 이처럼 진리를 깨달은 사람이 몸을 지
닌 해방자입니다. 그러나 그의 마음이 아직 분해되
지 않는 한, 그에게는 쁘라랍다(열매를 맺기 시작했고,
그 결과가 현재의 신체에 있는)로 인한 대상들과의 연관
때문에 어떤 불행이 일어날 수도 있고, 마음의 움직

---

29 "세상들은 완전한 실재인 나 안에 있는 겉모습이라는 오랜 명상
이 있다면, 무지는 어디에 있을 수 있는가?" –까이발야 나바니
따.

임이 멈추지 않았으므로 희열의 경험 또한 없을 것입니다. 나의 경험은 오랜 명상의 결과로 미묘하고 움직이지 않게 된 마음에만 가능합니다. 이렇게 미묘해진 마음을 타고난 자, 그리고 나 경험을 가진 자가 몸을 지닌 해방자[30]라 불립니다. 속성이 없는 브람만, 그리고 뚜리야라고 일컬어지는 것이 몸을 지닌 해방자의 상태입니다.

　미묘한 마음마저 분해되고, 나 경험이 멈출 때, 그리고 희열의 바다에 잠겨 어떤 구분된 존재도 없이 그것과 하나가 되었을 때, 그는 몸이 없는 해방자라고 불립니다. 초월적이고 속성이 없는 브람만으로, 그리고 초월적인 뚜리야로 일컬어지는 것이 몸이 없는 해방자의 상태입니다. 이것이 최종 목표입니다. 불행과 행복의 정도 때문에, 해방된 몸을 지닌 해방자와 몸이 없는 해방자는 모두 네 가지 범주

30　[역주] 나는 감각기관으로는 보이지 않고 마음을 그려볼 수도 없지만, 니르비깔빠 사마디에서는 너무나 선명히 보임. 그것을 체험한 후 나에 있는 노력을 하여야 할 것임. 진정한 수행은 이때부터 시작됨. 나에 있는 것이 자연스러워지는 이가 해방된 자. 바가반께서는 이 상태를 사하자 사마디라 하였음.

즉 브람마비드[31], 브람마바라[32], 브람마바리야[33], 브
람마바리슈따[34]에 속한다고 말해질 수 있습니다. 그
러나 이러한 구분은 그들을 바라보는 다른 사람들의
관점에서입니다. 하지만 실제로, 지식(갸나)을 통해
얻어진 해방에는 아무런 구분이 없습니다.

---

31 [역주] 브람만을 아는 자.
32 [역주] 몸의 유지에 관심을 가짐.
33 [역주] 다른 사람들에 의해 몸이 상기시켜 짐.
34 [역주] 스스로나 다른 사람들에 의해서건 간에 몸에 대해 결코 자
각하지 않음.

경의

인간의 모습을 하신

쉬바,

오, 스승 라마나.

당신의 발이

영원히 번창하소서!

참고한 책들

Bhagavan Sri Ramana Maharshi, *Self Enquiry*,
　　T.M.P.Mahadevan trans, Sri Ramanasramam,
　　2010

H. Mosimann-Kogan Ph.D., *The Little Book of Self-Enquiry*,
　　2021.

Miles Wright, *Talk on Self Enquiry*, Book on Demand.

Tandavaraya, *Kaivalya Navameeta*, Sri Ramanasramam,
　　1965

No Name, *How to Practice Self Enquiry*, The Freedom Press,
　　2014.

나 탐구

초판발행   2022년 8월 31일

지 은 이   라마나 마하리쉬
옮 긴 이   김병채

펴 낸 이   황정선
출판등록   2003년 7월 7일 제62호
펴 낸 곳   슈리 크리슈나다스 아쉬람
주   소   경상남도 창원시 의창구 북면 신리길 35번길 12-9
대표전화   (055) 299-1399
팩시밀리   (055) 299-1373

전자우편   krishnadass@hanmail.net
카   페   cafe.daum.net/Krishnadas

ISBN   978-89-91596-77-1 (03270)